Capítulo Uno: El Gladiador

El sol naciente doraba los muros de piedra del Coliseo, inundando de luz y sombras el polvo que cubría la arena. Entre los murmullos de la multitud expectante, un hombre emergía de las sombras de los pasillos subterráneos. Apolo, así se llamaba aquel gladiador cuya fama resonaba en cada rincón de Roma.

—¡Apolo, Apolo, Apolo! —gritaba la multitud con fervor mientras Apolo avanzaba hacia el centro del anfiteatro.

Con su torso musculoso cubierto por una armadura que brillaba con la misma intensidad que su mirada desafiante, Apolo avanzaba con paso firme hacia el centro del anfiteatro. Su piel morena, marcada por las cicatrices de innumerables batallas, narraba la historia de un hombre que había desafiado a la muerte una y otra vez.

La multitud rugía, aclamando con fervor al héroe que se enfrentaría a la adversidad una vez más. Pero detrás de la máscara de valentía que mostraba al mundo, Apolo guardaba sus propios temores y anhelos.

—¿Estás listo, Apolo? —preguntó su amigo y compañero de lucha, Marcus, mientras lo ayudaba a ajustar su armadura.

—Siempre estoy listo, Marcus. Esta noche, la libertad está más cerca que nunca —respondió Apolo con determinación en su voz.

Mientras el clamor de la muchedumbre alcanzaba su punto más álgido, Apolo se enfrentaba a su oponente con la determinación de quien no tiene más opción que vencer. El acero chocaba con el acero en un baile mortal, donde cada movimiento era una danza con la muerte.

Pero incluso en medio del caos de la batalla, Apolo encontraba momentos de claridad. Recordaba el aroma de las flores en los campos de su infancia, el suave murmullo del viento entre los árboles. Y en esos breves instantes de calma, vislumbraba la posibilidad de un futuro distinto, lejos de las cadenas que lo ataban a la arena.

Al final, cuando el rugido de la multitud se desvaneció y solo quedó el eco de la victoria, Apolo se encontró a sí mismo mirando hacia las alturas del Coliseo, más allá de las murallas que lo aprisionaban. Y en su corazón ardía la llama de la esperanza, la certeza de que algún día alcanzaría la libertad que tanto ansiaba.

Apolo, agotado pero triunfante, regresó a los oscuros pasillos del Coliseo, donde la luz del sol apenas se atrevía a filtrarse. El sudor y la sangre se mezclaban en su piel, recordándole el precio de su gloria. Mientras caminaba entre las sombras, su mente divagaba hacia un futuro incierto, donde la libertad aún era un sueño distante.

Las voces de los espectadores se desvanecían a su alrededor, reemplazadas por el silencio de la soledad. Apolo se detuvo un momento, cerrando los ojos para concentrarse en la suave brisa que se colaba por los pasillos. En ese instante de quietud, pudo escuchar el latido de su propio corazón, el eco de sus pensamientos más profundos.

La vida de un gladiador era una lucha constante, no solo contra los enemigos que enfrentaba en la arena, sino también contra las cadenas invisibles que lo mantenían prisionero. Apolo ansiaba la libertad como un pájaro anhela el cielo, pero sabía que alcanzarla requeriría más que solo fuerza y valentía.

Con cada paso que daba, Apolo se acercaba un poco más a su destino. Sabía que el camino hacia la libertad estaría lleno de peligros y sacrificios, pero también estaba dispuesto a enfrentarlos con coraje y determinación. Porque en su corazón ardía la certeza de que ningún obstáculo sería suficiente para detenerlo en su búsqueda de redención.

Mientras el sol se ponía en el horizonte y las sombras se alargaban sobre los muros del Coliseo, Apolo se aferraba a la esperanza de un nuevo amanecer. Sabía que el camino hacia la libertad sería largo y difícil, pero también estaba seguro de que valdría la pena cada paso del camino.

Con la determinación de quien no se rinde ante la adversidad, Apolo se adentró en las sombras una vez más, listo para enfrentar los desafíos que el destino tenía reservados para él. Porque, aunque su vida estuviera marcada por la batalla, sabía que su verdadero destino aún estaba por descubrir.

Capítulo Dos: La Taberna

El aroma del vino y el humo de las antorchas llenaban el aire de La Taberna del Lirio Dorado, un refugio para aquellos que buscaban escapar de las penurias del día a día en las calles polvorientas de Roma. En el interior, el bullicio de las conversaciones se mezclaba con el tintineo de las copas y el suave murmullo de la música.

En un rincón oscuro de la taberna, un grupo de músicos tocaba con pasión, sus melodías envolviendo el ambiente en una atmósfera de encanto y misterio. El sonido de la lira resonaba en las paredes de piedra, mientras el ritmo de la percusión invitaba a los presentes a dejarse llevar por el poder de la música.

Apolo: ¿Cómo lográis crear tanta magia con vuestra música?

Músico: Es el alma misma de Roma la que nos inspira, noble Apolo. Cada nota es un eco de sus calles, cada melodía, una historia que contar.

Cornelius ¡Vaya, vaya, si no es mi buen amigo Apolo! ¿Qué te trae a este rincón de la ciudad?

Apolo: Solo necesitaba un descanso de las responsabilidades del día. La música de esta taberna siempre me brinda algo de paz.

A medida que la noche avanzaba, la taberna se llenaba de vida y color. Bailarines giraban al ritmo de la música, sus movimientos fluidos y elegantes como el vuelo de las aves en el cielo. Los poetas recitaban versos inspirados por el amor y la tragedia, mientras los pintores plasmaban en lienzo las imágenes de un mundo que solo existía en sus sueños.

Bailarina: ¿Te unirás a nosotros, Apolo? La noche es joven y la música nos llama a todos.

Apolo: Quizás otro día, querida amiga. Por ahora, prefiero ser un mero espectador de vuestra gracia y talento.

Poeta: ¿Y qué hay de ti, buen Apolo? ¿No tienes algún verso para compartir con nosotros esta noche?

Apolo: Mi espada es más afilada que mi pluma, pero disfruto de vuestros versos como cualquier otro.

Cuando el último acorde resonó en el aire y la taberna se sumió en el silencio, Apolo se encontró a sí mismo sonriendo. En aquel lugar de música y arte, había encontrado un respiro en medio de la tormenta, un refugio donde el alma podía encontrar consuelo en la belleza del mundo que lo rodeaba.

Con el corazón lleno de gratitud, Apolo se despidió de La Taberna del Lirio Dorado, sabiendo que algún día regresaría para buscar refugio una vez más en el calor de su hogar. Porque en aquel lugar donde la música y el arte se entrelazaban en una danza eterna, había encontrado un pedazo de su alma que creía perdido para siempre.

Apolo salió de La Taberna del Lirio Dorado con el corazón ligero y la mente llena de inspiración. El aire fresco de la noche acariciaba su rostro mientras caminaba por las estrechas calles de Roma, iluminadas por la luz de las antorchas y las estrellas en el cielo.

Aun que iba vigilado por un soldado Romano, porque aun no era libre y sus salidas solo eran recompensas por sus vitorias, Apolo iba disfrutando de esa agradable noche.

A medida que avanzaba, los sonidos de la ciudad se desvanecían, reemplazados por el suave murmullo del viento entre los árboles y el rumor distante del río Tíber. Roma dormía a su alrededor, pero en su corazón aún resonaban las melodías de la taberna, recordándole la magia de aquel lugar donde la música y el arte se encontraban.

En su mente, Apolo revivía los momentos de la noche, cada nota de la lira y cada palabra de los poetas grabados en su memoria como un tesoro precioso. Para él, La Taberna del Lirio Dorado no era solo un lugar de encuentro, sino un santuario donde el alma podía encontrar consuelo en medio del caos del mundo.

Al llegar a las afueras de la ciudad, Apolo se detuvo un momento para contemplar el paisaje que se extendía ante él. A lo lejos, las luces de Roma brillaban como estrellas en la noche, recordándole la grandeza y la belleza de la ciudad que lo había visto nacer.

Con una última mirada hacia el horizonte, Apolo se preparó para regresar a su morada, llevando consigo el recuerdo de La Taberna del Lirio Dorado y la promesa de un nuevo amanecer. Porque, aunque la noche fuera oscura y el camino incierto, sabía que mientras hubiera música y arte en el mundo, siempre habría un lugar donde el alma pudiera encontrar refugio y consuelo.

Y así, con el corazón lleno de esperanza y los sueños de un futuro mejor, Apolo se adentró en la oscuridad de la noche, listo para enfrentar los desafíos que el destino tenía reservados para él.

Capítulo Tres: El Encuentro Inesperado

En las calles empedradas de Roma, donde el bullicio y el trajín eran la norma, un encuentro inesperado estaba a punto de cambiar el destino de dos almas. Apolo caminaba con paso firme, perdido en sus pensamientos, cuando de repente, una figura envuelta en una túnica oscura emergió de entre la multitud.

Los ojos de Apolo se encontraron con los de la misteriosa mujer, cuyo cabello dorado caía en cascada sobre sus hombros, y sus hermosos ojos azules brillaban enmarcando un rostro de una belleza tan impactante como el sol al amanecer. Era Raquel, cuyo nombre resonaría en el corazón de Apolo mucho después de que sus caminos se cruzaran.

El encuentro fue breve pero intenso, como un destello de luz en medio de la oscuridad. Los dos se detuvieron por un instante, como si el tiempo mismo se hubiera detenido a su alrededor. En aquel momento fugaz, Apolo pudo ver en los ojos de Raquel un destello de curiosidad y anhelo, como si ella también sintiera la fuerza magnética que los unía.

Sin palabras, sin gestos, los dos se separaron, cada uno continuando su camino como si nada hubiera pasado. Pero en lo más profundo de sus corazones, sabían que aquel encuentro había sido más que una simple casualidad, que algo más grande los había unido en ese instante efímero.

A lo largo de los días que siguieron, Apolo no pudo sacar de su mente la imagen de Raquel, su rostro grabado en su memoria como un tesoro precioso. Cada vez que cerraba los ojos, podía verla de nuevo, su mirada penetrante y su sonrisa fugaz, como un sueño que se desvanecía al despertar.

Y así, en medio del bullicio de la ciudad y los desafíos de su vida como gladiador, Apolo encontró consuelo en el recuerdo de aquel encuentro inesperado, la certeza de que algún día volvería a encontrarse con la misteriosa mujer que había dejado una huella imborrable en su corazón.

Los días pasaron y la imagen de Raquel seguía persiguiendo a Apolo como una sombra fugaz. Cada noche, al cerrar los ojos, veía su rostro en sus sueños, sintiendo su presencia como una brisa suave que acariciaba su alma.

Finalmente, una tarde calurosa, mientras paseaba por el mercado en busca de provisiones, Apolo la vio de nuevo. Raquel estaba allí, entre los puestos de frutas y verduras, examinando con atención los productos expuestos.

-Hola señorita, que gusto encontrarla de nuevo-, llamó Apolo, su voz apenas un susurro en medio del bullicio del mercado.

Raquel se volvió, sorprendida al escuchar la voz de Apolo. Sus ojos se encontraron una vez más, chispeando con un brillo que Apolo reconocía bien.

"¿Apolo?", dijo Raquel, con una sonrisa que iluminaba su rostro. "¿Qué sorpresa verte de nuevo?"

"He pensado en ti desde nuestro último encuentro", confesó Apolo, sus palabras brotando con una sinceridad que no podía contener. "Tu presencia me persigue como una melodía que no puedo olvidar." -Y me encantaría saber tu nombre- dijo Apolo.

Raquel asintió, comprendiendo la profundidad de sus palabras.

-Me llamo Raquel- "Yo también he pensado en ti", dijo ella, su voz suave como el murmullo de un arroyo. "Desde aquel día, no he dejado de preguntarme qué significaba nuestro encuentro."

Los dos se quedaron en silencio por un momento, como si el mundo a su alrededor se hubiera detenido para permitirles estar juntos.

"No sé qué nos depara el destino, Raquel", dijo Apolo, buscando las palabras adecuadas para expresar lo que sentía en su corazón. "Pero sé que quiero descubrirlo contigo a mi lado."

Raquel asintió, sus ojos brillando con determinación.

"Yo también quiero descubrirlo contigo, Apolo", dijo ella, extendiendo la mano hacia él. "Que nuestras vidas estén entrelazadas como los hilos de un tapiz, tejidas juntas por el destino."

Apolo tomó su mano con ternura, sintiendo una conexión que iba más allá de las palabras. En aquel momento, en medio del bullicio del mercado y los desafíos de la vida cotidiana, supieron que su encuentro había sido más que una casualidad, que estaban destinados a estar juntos, unidos por el lazo invisible del amor.

Y así, juntos, comenzaron a caminar por el mercado, dejando atrás el pasado y mirando hacia un futuro lleno de promesas y esperanzas. Porque en aquel encuentro inesperado, habían encontrado el verdadero significado del amor, la fuerza que los impulsaría a enfrentar cualquier desafío que el destino tuviera reservado para ellos.

Con el sol descendiendo lentamente en el horizonte, Apolo y Raquel dejaron atrás el bullicio del mercado y se adentraron en el frondoso bosque que rodeaba las afueras de Roma. El aire fresco y el susurro de las hojas les envolvían en una atmósfera de paz y tranquilidad mientras caminaban juntos, perdidos en la belleza de la naturaleza que les rodeaba.

Los rayos dorados del sol se filtraban entre las ramas de los árboles, creando un mosaico de luces y sombras en el suelo cubierto de hojas secas. El canto de los pájaros y el murmullo del arroyo cercano llenaban el aire, acompañando a los dos amantes en su paseo por el bosque.

Apolo tomó la mano de Raquel con ternura, sintiendo la calidez de su piel contra la suya. Habían dejado atrás las formalidades y los protocolos, permitiéndose ser ellos mismos en la intimidad del bosque, donde el tiempo parecía detenerse y el mundo entero desaparecer.

"Este lugar es hermoso", dijo Raquel, su voz suave como una caricia en el viento. "Me siento como si estuviéramos en nuestro propio pequeño mundo, lejos de las preocupaciones y responsabilidades de la vida cotidiana."

Apolo asintió, compartiendo su sentimiento.

"Aquí, en medio de la naturaleza, todo parece cobrar un nuevo significado", dijo él, su mirada perdida en el horizonte. "Es como si el bosque nos recordara la belleza y la fragilidad de la vida, la importancia de apreciar cada momento como si fuera el último."

Los dos continuaron caminando en silencio, dejándose llevar por el ritmo tranquilo de la naturaleza que les rodeaba. Cada paso era un regalo, cada suspiro una plegaria de gratitud por el milagro de estar juntos en aquel lugar sagrado donde el tiempo se detenía y el amor florecía como las flores en primavera.

Cuando el sol finalmente se ocultó tras las montañas y la oscuridad envolvió el bosque en su manto de estrellas, Apolo y Raquel se detuvieron junto al arroyo, sus manos entrelazadas como dos almas gemelas unidas por el destino. En aquel momento mágico, en medio de la belleza indescriptible del bosque, supieron que su amor era eterno, que nada ni nadie podría separarlos jamás.

Y así, bajo el cielo estrellado y la luz plateada de la luna, Apolo y Raquel se prometieron el uno al otro, jurando amarse y protegerse por toda la eternidad. Porque en aquel paseo por el bosque, habían encontrado el verdadero significado del amor, la fuerza que los impulsaría a enfrentar cualquier desafío que el destino tuviera reservado para ellos.

Capítulo Cuatro: El Suplantador

En las calles adoquinadas de Roma, un nuevo pretendiente acechaba en las sombras, dispuesto a desafiar el amor de Apolo y Raquel. Se hacía llamar Marcus, un hombre de noble cuna cuya belleza rivalizaba con la de los dioses del Olimpo.

Apolo observaba con recelo la llegada de Marcus, cuya presencia en la vida de Raquel despertaba una sensación de peligro que no podía ignorar. Aunque Raquel rechazaba sus avances con firmeza, Apolo sabía que aquel hombre no se rendiría fácilmente, que estaba dispuesto a todo con tal de conquistar el corazón de la mujer que tanto amaba.

Un día, mientras paseaba por el mercado en busca de provisiones, Apolo se encontró con Marcus, cuya sonrisa arrogante y mirada desafiante le llenaron de ira y determinación. Sin decir una palabra, los dos hombres se enfrentaron, cada uno mostrando su fuerza y valentía en un duelo de voluntades que amenazaba con desatar una tormenta en medio de la ciudad.

—Raquel es mía —declaró Marcus, su voz llena de arrogancia y desdén—. No permitiré que un simple gladiador se interponga en nuestro camino.

Apolo apretó los puños, sintiendo la rabia arder en su pecho. No permitiría que aquel hombre se interpusiera entre él y Raquel, que su amor fuera pisoteado por la ambición y la crueldad de un extraño.

—Raquel es libre de elegir a quien ama —respondió Apolo, su voz firme y decidida—. Y yo estoy dispuesto a luchar por su amor hasta el último aliento.

Marcus soltó una carcajada burlona, desafiando a Apolo con una mirada llena de desprecio.

—Veremos quién es el más digno de su amor, gladiador —dijo él, antes de desaparecer entre la multitud como una sombra fugaz.

Apolo se quedó allí, con el corazón lleno de determinación y la mente llena de dudas. Sabía que el camino hacia el corazón de Raquel estaría lleno de obstáculos y peligros, pero también estaba seguro de una cosa: no permitiría que nadie se interpusiera entre él y el amor de su vida.

Con la determinación de quien no se rinde ante la adversidad, Apolo se preparó para enfrentar a Marcus y cualquier otro enemigo que se interpusiera en su camino. Porque en su corazón ardía la certeza de que, al final del día, el amor triunfaría sobre la ambición y la crueldad, y él y Raquel estarían juntos para siempre.

Apolo se sentía en conflicto. La presencia de Marcus había sembrado una semilla de duda en su mente, una sombra que oscurecía su certeza sobre el amor de Raquel. Aunque confiaba en el amor que compartían, la presencia persistente de Marcus le llenaba de ansiedad y preocupación.

Decidido a proteger lo que más amaba, Apolo buscó la sabiduría de los ancianos del pueblo, quienes le aconsejaron con prudencia y claridad. Le recordaron la importancia de confiar en el amor de Raquel y en la fuerza de su vínculo, y le instaron a no ceder ante las artimañas y manipulaciones de Marcus.

Con el consejo de los ancianos en su mente, Apolo se preparó para enfrentar a Marcus y poner fin a su intrusión en la vida de Raquel. Sabía que el camino no sería fácil, que enfrentaría obstáculos y desafíos en su lucha por proteger su amor, pero estaba dispuesto a enfrentarlos con coraje y determinación.

Una noche, mientras caminaba por las calles de Roma en busca de respuestas, Apolo se encontró de nuevo con Marcus, cuya presencia le llenaba de ira y determinación. Sin palabras, los dos hombres se enfrentaron en un duelo de voluntades, cada uno mostrando su fuerza y valentía en un combate que decidiría el destino de Raquel y de su amor.

—Raquel es libre de elegir a quien amar —declaró Apolo, su voz resonando con firmeza y convicción—. Y yo estoy dispuesto a luchar por su amor hasta el último aliento.

Marcus soltó una carcajada burlona, desafiando a Apolo con una mirada llena de desprecio.

—El amor no se conquista con palabras, gladiador —respondió él, su voz llena de malicia—. Y yo estoy dispuesto a hacer lo que sea necesario para ganar el corazón de Raquel.

El enfrentamiento entre los dos hombres fue épico, como una batalla entre titanes que sacudía los cimientos de la ciudad. Espada en mano, Apolo luchaba con valentía y determinación, decidido a proteger lo que más amaba contra cualquier amenaza que se interpusiera en su camino.

Al final, después de horas de lucha encarnizada, Apolo emergió victorioso, su espada en alto y su corazón lleno de triunfo. Marcus, derrotado y humillado, se retiró en silencio, su presencia desapareciendo como una sombra en la noche.

Con la amenaza de Marcus finalmente eliminada, Apolo se sintió aliviado y agradecido. Sabía que su amor por Raquel había triunfado sobre la adversidad, que juntos podrían enfrentar cualquier desafío que el destino tuviera reservado para ellos. Y así, con el corazón lleno de esperanza y el alma llena de amor, Apolo se preparó para comenzar un nuevo capítulo en su vida junto a Raquel, sabiendo que su amor era más fuerte que cualquier obstáculo que pudiera interponerse en su camino.

Apolo regresó a su hogar con el corazón lleno de alivio y determinación. Había vencido a Marcus, pero sabía que la amenaza aún no había desaparecido por completo. Con cada paso que daba por las calles de Roma, se preguntaba qué otros obstáculos se interpondrían en su camino hacia la felicidad junto a Raquel.

Al llegar a su morada, encontró a Raquel esperándolo con una mirada llena de amor y preocupación. Se abrazaron con fuerza, como si temieran que el destino los separara en cualquier momento.

—Estoy a salvo, mi amor —dijo Apolo, su voz suave y reconfortante—. Marcus ya no representa una amenaza para nosotros.

Raquel suspiró aliviada, pero Apolo notó la sombra de la preocupación en sus ojos.

—¿Qué pasará ahora, Apolo? —preguntó ella, su voz temblorosa—. ¿Podremos estar juntos sin temor a nuevas amenazas?

Apolo acarició su rostro con ternura, prometiéndole protegerla con su vida si fuera necesario.

—Estaremos juntos, Raquel, pase lo que pase —declaró él, su voz llena de determinación—. Nuestro amor es más fuerte que cualquier obstáculo que el destino pueda interponer en nuestro camino.

Raquel asintió, confiando en las palabras de Apolo con todo su corazón. Sabía que el camino hacia la felicidad no sería fácil, pero estaba dispuesta a enfrentar cualquier desafío con su amado a su lado.

Con el paso de los días, Apolo y Raquel continuaron su vida juntos, enfrentando cada obstáculo con coraje y determinación. Aunque las sombras del pasado aún acechaban en las esquinas de sus pensamientos, sabían que mientras estuvieran juntos, nada podría interponerse en su camino hacia la felicidad.

Y así, en medio de las calles polvorientas de Roma y los desafíos de la vida cotidiana, Apolo y Raquel encontraron la fuerza y el valor para enfrentar cualquier adversidad que el destino tuviera reservada para ellos. Porque en su amor, habían encontrado la luz que los guiaría a través de la oscuridad, el lazo indestructible que los uniría por toda la eternidad.

Capítulo Cinco: Tiempos de Guerra

Los vientos de la guerra azotaban las tierras de Roma, llevando consigo el peso de la destrucción y la desolación. En las calles, el hambre y la pobreza se extendían como una sombra oscura, consumiendo todo a su paso y dejando corazones rotos y sueños destrozados.

"Apolo, ¿cómo podemos seguir adelante en medio de todo esto?", preguntó Raquel, con la voz cargada de preocupación mientras observaban el caos que se extendía ante ellos.

"No lo sé, mi amor", respondió Apolo, con los ojos fijos en el horizonte. "Pero mientras estemos juntos, encontraremos la fuerza para enfrentar cualquier desafío que se nos presente."

Pero a pesar de los desafíos y las dificultades, Apolo y Raquel se aferraban el uno al otro con fuerza, encontrando consuelo y esperanza en su amor mutuo. Juntos, enfrentaban cada día con coraje y determinación, decididos a no dejarse vencer por las adversidades que la guerra había traído consigo.

"¿Crees que alguna vez volveremos a ver la paz?", preguntó Raquel, con la mirada perdida en el horizonte mientras caminaban por las calles desoladas.

"Lo espero, Raquel", respondió Apolo, apretando su mano con ternura. "Pero hasta entonces, estaremos juntos, enfrentando cada día como si fuera nuestro último."

En medio de la devastación, surgían actos de bondad y solidaridad, recordándoles a Apolo y Raquel que, incluso en los tiempos más oscuros, aún quedaba espacio para la esperanza. Vecinos se ayudaban mutuamente, compartiendo lo poco que tenían y ofreciendo consuelo y apoyo en momentos de necesidad.

"Vamos, Raquel", dijo Apolo, extendiendo la mano hacia ella. "Encontremos un refugio seguro y mantengámonos juntos. Mientras estemos unidos, podremos superar cualquier obstáculo que se interponga en nuestro camino."

Pero también había aquellos que aprovechaban el caos de la guerra para sembrar la discordia y el sufrimiento. Bandas de saqueadores y ladrones recorrían las calles, sembrando el terror y el caos a su paso y dejando una estela de destrucción y desesperación.

"¡Alto ahí!", gritó Apolo, enfrentándose a un grupo de saqueadores que amenazaban con atacar a una familia indefensa. "¡No permitiré que causen más daño!"

Apolo y Raquel se enfrentaban a estos desafíos con coraje y determinación, negándose a rendirse ante las fuerzas que amenazaban con destruir todo lo que amaban. Con cada día que pasaba, su amor se fortalecía, convirtiéndose en el faro que los guiaba a través de la oscuridad y les recordaba que, juntos, podían superar cualquier adversidad.

Y así, en medio de los tiempos de guerra y desolación, Apolo y Raquel encontraron la fuerza y el coraje para enfrentar el futuro con valentía. Aunque el camino fuera difícil y los desafíos parecieran insuperables, sabían que mientras estuvieran juntos, nada podría derribarlos. Porque en su amor, habían encontrado la luz que los guiaría a través de la oscuridad y la esperanza que los sostendría en los momentos más difíciles.

Capítulo Seis: Los Sobrevivientes

En la tranquila soledad de su antigua casa, Raquel se aferraba a los recuerdos de tiempos mejores mientras esperaba el regreso de Apolo. La guerra había pasado, dejando a su paso ruinas y desolación, pero Raquel se negaba a perder la esperanza de volver a ver a su amado.

"¿Cuándo crees que regresará, Apolo?", preguntó Raquel en voz baja mientras acariciaba una fotografía de ellos dos juntos.

Apolo suspiró, con la mirada perdida en el horizonte. "No lo sé, Raquel. Pero debemos mantener la fe. Él volverá a casa, lo sé."

En su casa antigua, donde los susurros del pasado se mezclaban con el crujir de las vigas y el murmullo del viento, Raquel encontraba consuelo en la familiaridad de los objetos y muebles que habían sido testigos de su amor con Apolo. Cada rincón de la casa estaba impregnado de su presencia, recordándole los momentos felices que habían compartido juntos y renovando su promesa de esperar su regreso.

"Aún queda una silla vacía en la mesa", murmuró Raquel para sí misma, mirando alrededor de la sala de estar con nostalgia. "Espero que pronto esté ocupada de nuevo."

A medida que los días se convertían en semanas y las semanas en meses, Raquel se aferraba cada vez más a la esperanza de que Apolo volvería a casa. Pasaba sus días cuidando del hogar, reparando los daños causados por la guerra y manteniendo viva la llama de su amor con la esperanza de que algún día volverían a estar juntos.

"Pase lo que pase, seguiré esperando", murmuró Raquel, mientras colocaba una fotografía de Apolo en la mesa de noche antes de acostarse. "Nuestro amor nos mantendrá unidos, incluso en la distancia."

Pero a pesar de sus esfuerzos por mantenerse ocupada y mantener viva la esperanza, Raquel se encontraba a menudo sumida en la tristeza y la melancolía. La ausencia de Apolo pesaba sobre ella como una losa, llenando su corazón de temor y duda sobre su destino.

"Te necesito aquí, Apolo", susurró Raquel en la quietud de la noche, mientras contemplaba la luna desde la ventana. "No puedo soportar estar sola por mucho más tiempo."

Sin embargo, en medio de la oscuridad y la incertidumbre, Raquel encontraba consuelo en los recuerdos de su amor con Apolo. Cada noche, antes de irse a dormir, cerraba los ojos y lo veía en su mente, su rostro iluminado por la luz de la luna y su sonrisa llenándola de alegría y esperanza.

"Pronto estaremos juntos de nuevo", murmuró Raquel para sí misma, aferrándose a la esperanza mientras se acurrucaba bajo las mantas. "No importa cuánto tiempo lleve, nunca dejaré de esperarte, Apolo."

Y así, en la tranquilidad de su casa antigua, rodeada por los susurros del pasado y los ecos del amor perdido, Raquel esperaba pacientemente el regreso de Apolo, confiando en que algún día volverían a estar juntos y su amor triunfaría sobre todas las adversidades.

Capítulo Siete: Refugiado en el Bosque

Apolo, separado de Raquel y sin noticias de su amada, buscó refugio en los confines del bosque cercano a Roma. Entre los árboles centenarios y el susurro del viento, encontró un lugar donde podía esconderse de los peligros que acechaban en la ciudad y reflexionar sobre su destino incierto.

Durante el día, Apolo se movía con sigilo entre la densa vegetación, evitando ser visto por patrullas militares y saqueadores errantes. Buscaba alimento y agua en los riachuelos y arroyos que cruzaban el bosque, confiando en su habilidad como cazador y rastreador para sobrevivir en la naturaleza salvaje.

Por las noches, se refugiaba en una cueva oculta entre las rocas, donde encendía una pequeña fogata para protegerse del frío y las bestias nocturnas que deambulaban por el bosque. Allí, en la penumbra de la cueva, se sumía en sus pensamientos, recordando los momentos felices que había compartido con Raquel y lamentando la distancia que los separaba.

"A veces siento que el bosque me entiende mejor que nadie", murmuraba Apolo mientras observaba las estrellas desde la entrada de su cueva. "Es como si las hojas susurraran palabras de consuelo y las sombras me abrazaran en la oscuridad."

Apolo anhelaba el regreso a su hogar, el reencuentro con su amada y el fin de la incertidumbre que lo consumía. Pero sabía que mientras la guerra aún rugiera en las calles de Roma y la amenaza de los enemigos persistiera, no podía arriesgarse a regresar y poner en peligro su vida y la de Raquel.

Con el pasar de los días, el bosque se convirtió en su único refugio, su santuario de paz y tranquilidad en medio del caos y la destrucción que reinaba en el mundo exterior. Aunque la soledad y la incertidumbre lo atormentaban, Apolo encontraba consuelo en la belleza indomable de la naturaleza y en la esperanza de un futuro mejor.

Y así, en medio de la quietud del bosque y la oscuridad de la noche, Apolo encontraba la fuerza y la determinación para seguir adelante, confiando en que algún día la guerra llegaría a su fin y podría regresar a los brazos de su amada Raquel. Hasta entonces, seguiría siendo un refugiado en el bosque, esperando pacientemente el regreso de la luz a su vida.

Las sombras del bosque no eran lo único que acechaba a Apolo entre los árboles centenarios. Sabía que en aquellos mismos rincones salvajes, los espías del enemigo buscaban a fugitivos como él para capturarlos y esclavizarlos.

Cada movimiento en falso, cada rama que crujía bajo sus pies, era una advertencia de que los enemigos estaban cerca. Apolo se mantenía alerta, confiando en sus instintos y su astucia para eludir a aquellos que lo buscaban con ansias de venganza.

Se movía en silencio, como una sombra entre los árboles, evitando dejar rastro de su presencia y camuflándose entre la densa vegetación del bosque. Cada encuentro con un posible enemigo era una batalla de ingenio y astucia, donde Apolo ponía a prueba su habilidad para engañar y confundir a sus perseguidores.

"Pueden buscarme todo lo que quieran, pero nunca me atraparán", murmuraba Apolo mientras se ocultaba entre las raíces de un árbol gigante. "Soy más astuto que ellos, y tengo más motivos para luchar."

A pesar de los peligros y las dificultades que enfrentaba, Apolo se aferraba a la esperanza de que algún día la guerra llegaría a su fin y podría regresar a casa. Mientras tanto, seguiría siendo un fugitivo en el bosque, luchando por su supervivencia y esperando el momento en que podría volver a abrazar a su amada Raquel y dejar atrás la oscuridad que lo había consumido durante tanto tiempo.

Capítulo Ocho: El Retorno a la Ciudad

Después de tres largos años de exilio en los confines del bosque, Apolo decidió que era hora de regresar a la ciudad de Italia. Aunque su corazón anhelaba desesperadamente reunirse con Raquel, sabía que debía ser cauteloso. La guerra había terminado, pero aún había peligros que acechaban en las sombras, y no podía arriesgarse a ser descubierto antes de encontrar a su amada.

Con sigilo y determinación, Apolo se deslizó por las calles de la ciudad, evitando ser visto por aquellos que podrían reconocerlo como el gladiador que una vez desafió al poderoso Marcus. Se escondió en los callejones oscuros y se mezcló con la multitud, manteniendo su verdadera identidad oculta mientras buscaba pistas sobre el paradero de Raquel.

A medida que exploraba la ciudad, Apolo notó el cambio en el ambiente. La paz había regresado a Italia, pero las cicatrices de la guerra aún eran visibles en los rostros cansados y las calles desgastadas. Aunque la ciudad estaba en calma, el peso del pasado aún pesaba sobre sus hombros, recordándole a Apolo los horrores que habían vivido durante los días oscuros de la guerra.

A medida que pasaban los días, Apolo continuaba su búsqueda en silencio, confiando en su instinto y su astucia para encontrar a Raquel sin llamar la atención sobre sí mismo. Visitaba los lugares que solían frecuentar juntos, esperando encontrar alguna pista que lo llevara hasta ella, pero cada callejón sin salida lo acercaba un poco más a la desesperación.

A pesar de los obstáculos que enfrentaba, Apolo se negaba a rendirse. Sabía que encontrar a Raquel sería su mayor desafío, pero también sabía que no descansaría hasta que estuvieran juntos de nuevo, en los brazos el uno del otro, dejando atrás los días de soledad y separación.

Y así, en medio de las sombras y la incertidumbre, Apolo continuaba su búsqueda, aferrándose a la esperanza de que algún día encontraría a su amada Raquel y juntos podrían enfrentar el futuro con valentía y determinación.

Apolo se deslizaba entre los puestos del bullicioso mercado de comercios, su capa oscura envolviéndolo como un manto de invisibilidad mientras observaba a la gente pasar. El mercado era un hervidero de actividad, con vendedores pregonando sus mercancías y compradores regateando por los mejores precios.

—¿Raquel? ¿Estás aquí? —llamó Apolo entre la multitud, su voz temblorosa de emoción y anhelo.

Pero entre la multitud de desconocidos, era difícil distinguir a la mujer que había robado su corazón. La esperanza se mezclaba con la incertidumbre mientras Apolo continuaba su búsqueda, cada paso acercándolo un poco más a la verdad que tanto ansiaba descubrir.

De repente, una figura imponente se materializó frente a él. Era Marcus, el hombre al que alguna vez había enfrentado en la arena.

—Apolo... —dijo Marcus con sorpresa y cautela, reconociendo al hombre que había desafiado su poder.

—Marcus, amigo mío. Me alegra verte —respondió Apolo, intentando ocultar la tensión en su voz.

—¿Qué haces aquí después de tanto tiempo? ¿Y dónde está Raquel? —preguntó Marcus, su tono lleno de curiosidad y desconfianza.

—He vuelto en busca de Raquel. He pasado años buscándola y aún no he tenido éxito. ¿Tienes alguna idea de dónde podría estar? —inquirió Apolo en son de paz, tratando de ocultar su ansiedad.

Marcus frunció el ceño, pensativo.

—No sé dónde está Raquel. Pero si la encuentras, dale este mensaje: que la paz ha regresado a nuestra tierra y que estoy dispuesto a dejar atrás el pasado. No deseo más conflictos. —respondió Marcus, su voz cargada de sinceridad.

Apolo asintió con gratitud.

—Lo haré, Marcus. Gracias por tu ayuda. Si ves a Raquel, dile que estoy buscándola y que deseo hablar con ella. —dijo Apolo, con la esperanza renovada en su corazón.

Con un gesto de despedida, Apolo continuó su búsqueda, sabiendo que aún le esperaban desafíos por delante, pero decidido a encontrar a Raquel y comenzar una nueva vida juntos.

Capítulo Nueve: El Reencuentro

El corazón de Apolo latía con fuerza en el pecho mientras se acercaba al puesto de frutas y verduras donde había visto a la mujer que le recordaba a Raquel. Con cada paso, la esperanza crecía dentro de él, alimentada por la posibilidad de que finalmente pudiera volver a encontrarse con su amada después de tanto tiempo de separación.

Cuando estuvo lo suficientemente cerca, Apolo se detuvo frente al puesto y miró a la mujer con cautela, esperando que levantara la vista y sus ojos se encontraran con los suyos. Y entonces, como si el destino hubiera intervenido a su favor, Raquel levantó la mirada y sus ojos se encontraron en un instante de reconocimiento y asombro.

Apolo: Raquel...

Raquel: Apolo, ¿es realmente tú?

Sus corazones latían al unísono mientras se abrazaban con fuerza, como si quisieran fundirse en uno solo y dejar atrás todo el tiempo perdido.

Apolo: Pensé que este momento nunca llegaría. He extrañado tanto tu voz, tu risa, tu presencia...

Raquel: Yo también, Apolo. Cada día sin ti fue como un pedazo de mí que faltaba. Pero aquí estamos, juntos de nuevo.

El reencuentro fue un torrente de emociones, con lágrimas de felicidad surcando sus rostros y sonrisas que iluminaban sus corazones. En ese abrazo, encontraron la calma que tanto habían anhelado, la certeza de que, pese a todo, su amor era más fuerte que cualquier adversidad.

Pero el reencuentro no fue solo entre Apolo y Raquel. Pronto, se encontraron rodeados por sus amigos y seres queridos, quienes se habían reunido para celebrar su regreso y darles la bienvenida a casa. Entre risas y abrazos, compartieron historias de sus experiencias durante la guerra y los días de separación, encontrando consuelo y alegría en la compañía del otro.

Amiga de Raquel: ¡Raquel, Apolo, qué felicidad verlos juntos otra vez! Han pasado tantas cosas desde que se fueron.

Raquel: Sí, ha sido un viaje largo y difícil, pero finalmente estamos de regreso.

A medida que pasaba el tiempo, Apolo y Raquel se sumergieron en la alegría del reencuentro, compartiendo momentos de intimidad y complicidad mientras recordaban los momentos felices que habían compartido juntos antes de la guerra. A pesar de los desafíos que habían enfrentado y los obstáculos que aún les esperaban en el futuro, encontraron consuelo y fortaleza en el amor y la amistad que los unía.

Apolo: Recuerdo cuando solíamos pasear por los campos al atardecer, tus palabras llenaban el aire con una dulzura inigualable.

Raquel: Y tus abrazos me hacían sentir protegida y amada, como si nada pudiera lastimarme mientras estuviera en tus brazos.

Y así, en medio de la alegría y la celebración, Apolo y Raquel se reafirmaron en su compromiso el uno con el otro, prometiendo enfrentar juntos cualquier desafío que el destino les deparara. Porque mientras estuvieran juntos, sabían que podrían superar cualquier obstáculo y encontrar la felicidad que tanto anhelaban en los brazos el uno del otro.

Apolo: Raquel, hay algo que debo decirte. Durante mi tiempo en el bosque, he reflexionado mucho sobre nuestro futuro.

Raquel: ¿Qué quieres decir, Apolo?

Apolo: He decidido que no quiero volver a ser un gladiador. Mi vida en la arena, luchando por la diversión de otros, ya no tiene sentido para mí. Quiero construir una vida contigo lejos de la violencia y el peligro.

Raquel: Apolo, eso me hace tan feliz. Siempre supe que eras más que un luchador. Juntos podemos construir una vida llena de paz y amor.

Mientras tanto, en las sombras, una figura misteriosa los observaba con interés. Era Marcus, el poderoso dueño de la arena, quien había oído rumores sobre el regreso de Apolo y había decidido investigar por sí mismo.

Marcus: Interesante... parece que mi mejor gladiador ha regresado con planes de dejar atrás su vida en la arena. Eso no me conviene en absoluto.

Decidido a no dejar que Apolo escape de su control, Marcus comenzó a tejer una red de intrigas para mantenerlo bajo su influencia. Mientras tanto, Apolo y Raquel planeaban su futuro juntos, ajeno a las sombras que se cernían sobre ellos.

Apolo: Raquel, tengo un presentimiento extraño. Como si alguien estuviera observándonos, como si el peligro estuviera cerca.

Raquel: No te preocupes, Apolo. Estamos juntos y podemos enfrentar cualquier desafío que se presente.

Pero los peligros acechaban en las sombras, esperando el momento adecuado para atacar. Marcus estaba decidido a recuperar a Apolo, y no se detendría ante nada para lograrlo. Mientras tanto, Apolo y Raquel se aferraban el uno al otro, sin saber lo que el destino les deparaba y los peligros que les esperaban en el horizonte.

El sol comenzaba a ponerse en el horizonte, tiñendo el cielo con tonos dorados y rosados mientras Apolo y Raquel caminaban por las tranquilas calles de la ciudad, perdidos en su amor y en sus planes para el futuro. Sin embargo, su felicidad se vio interrumpida por un repentino sonido de pasos apresurados detrás de ellos.

Apolo: ¿Escuchaste eso, Raquel?

Raquel: Sí, algo no está bien.

Antes de que pudieran reaccionar, una figura encapuchada emergió de las sombras, con una espada reluciente en la mano. Era un sicario enviado por Marcus, decidido a capturar a Apolo y devolverlo a la arena.

Sicario: ¡Apolo, tu destino es regresar a la arena y luchar por el entretenimiento de los poderosos! No puedes escapar de tu pasado.

Apolo se puso en guardia, protegiendo a Raquel mientras evaluaba sus opciones. Sabía que no podía dejar que Raquel resultara herida, pero tampoco podía permitir que lo llevaran de vuelta a la vida que tanto deseaba dejar atrás.

Apolo: Raquel, corre. ¡No dejes que te lastimen!

Raquel se resistió, negándose a dejar a Apolo solo frente al peligro. Pero antes de que pudieran hacer algo más, un grupo de mercenarios, enviados por Marcus, aparecieron de todas direcciones, rodeándolos y cortando cualquier posibilidad de escape.

Raquel: ¡Apolo, estamos atrapados!

La batalla comenzó, con Apolo luchando valientemente para proteger a Raquel de los ataques de los mercenarios. Cada golpe y pary resonaba en el aire, mientras el brillo de las espadas se mezclaba con el grito de los combatientes.

Apolo: ¡No te acerques a ella!

Pero a pesar de su valentía, estaban siendo abrumados por la fuerza abrumadora de sus enemigos. Marcus había enviado a sus mejores hombres, determinado a recuperar a Apolo a cualquier costo.

En medio del caos y la confusión, Apolo se encontró rodeado, con Raquel mirando impotente desde la distancia. Pero justo cuando parecía que todo estaba perdido, un grupo de aliados inesperados apareció, lanzando una embestida contra los mercenarios de Marcus y abriendo un camino de escape para Apolo y Raquel.

Aliado: ¡Vayan, nosotros nos encargaremos de ellos! ¡No permitiremos que Marcus los atrape!

Apolo tomó la mano de Raquel y juntos corrieron por las calles, escapando del caos y la violencia que los rodeaba. Aunque estaban exhaustos y heridos, estaban determinados a no rendirse, luchando por su libertad y por el futuro que tanto anhelaban juntos.

Mientras Apolo y Raquel corrían por las calles, su corazón latía con fuerza en sus pechos, con el eco de la batalla aun retumbando en sus oídos. Aunque estaban agradecidos por el rescate, se preguntaban quiénes eran sus misteriosos aliados que habían aparecido en su momento de necesidad.

De repente, una voz conocida resonó detrás de ellos, rompiendo el silencio de la noche.

Voz: ¡Apolo, Raquel, aquí estoy!

Apolo y Raquel se detuvieron en seco y se voltearon para ver quién era. Para su sorpresa y alegría, vieron a su viejo amigo y compañero de lucha, Marcelo, emergiendo de las sombras con una sonrisa en el rostro.

Marcelo: ¡Ha pasado tanto tiempo, pero finalmente nos encontramos de nuevo!

El alivio se apoderó de Apolo y Raquel al reconocer a su amigo. Marcelo había sido uno de los pocos aliados que Apolo tenía durante sus días en la arena, y ahora, en su momento de necesidad, había vuelto para ayudarlos una vez más.

Apolo: ¡Marcelo, eres un salvador! ¿Cómo supiste dónde encontrarnos?

Marcelo: No lo supe, pero sabía que no podía quedarme de brazos cruzados mientras mi amigo estaba en peligro. Cuando escuché que estaban en problemas, reúne a algunos de nuestros viejos camaradas y corrimos para ayudarlos.

Raquel: Estamos en deuda contigo, Marcelo. Gracias por venir en nuestro rescate.

La expresión de Marcelo se volvió seria mientras miraba a Apolo y Raquel con determinación en los ojos.

Marcelo: La batalla aún no ha terminado, amigos. Marcus no se detendrá hasta que te tenga de vuelta en la arena, Apolo. Debemos estar preparados para lo que venga a continuación.

Apolo asintió con solemnidad, consciente de que el peligro aún acechaba en las sombras. Con Marcelo a su lado, y Raquel a su lado, estaba listo para enfrentar cualquier desafío que el destino les deparara. Juntos, continuarían luchando por su libertad y por el futuro que tanto anhelaban.

Capítulo Diez: El Nuevo Amanecer

Después de años de lucha y sacrificio, Apolo finalmente presenció el amanecer de un nuevo día en su vida. El sol se alzaba en el horizonte, bañando la ciudad con su luz dorada y anunciando un nuevo comienzo para el antiguo gladiador.

La noticia de su liberación llegó inesperadamente, envuelta en el misterio de los despachos secretos de los poderosos de la ciudad. Se decía que fue un gesto de redención, una recompensa por los años de servicio y los innumerables sacrificios en la arena. Otros hablaban de un cambio repentino en el corazón de los gobernantes, inspirado por las historias de valor y determinación de Apolo.

Para Apolo, la noticia fue como un rayo de luz en la oscuridad. Por primera vez en mucho tiempo, se sintió libre, libre para elegir su propio destino y forjar su propio camino en la vida. Ya no estaría obligado a luchar en la arena por el entretenimiento de otros, ni tendría que vivir en las sombras del miedo y la opresión.

Con el corazón lleno de esperanza y gratitud, Apolo se despidió de sus amigos y seres queridos, prometiendo volver para compartir con ellos la alegría de su nueva libertad. Entre ellos estaba Marcelo, su amigo más cercano y confidente.

Marcelo: ¡Apolo! ¡He oído las noticias! ¿Es cierto? ¿Te están liberando?

Apolo: Sí, Marcelo. Es increíble, ¿verdad? Después de tanto tiempo...

Marcelo: No puedo creerlo. Te lo mereces, amigo. Has pasado, por tanto.

Apolo: Gracias, Marcelo. No sé qué decir...

Marcelo: No hace falta que digas nada. Solo prométeme que seguirás siendo el mismo Apolo valiente y honorable que siempre has sido.

Apolo: Te lo prometo, Marcelo. Y siempre serás mi amigo, pase lo que pase.

Marcelo: Eso espero, Apolo. Ahora ve y reclama tu libertad. El mundo te espera.

Apolo: Sí, lo haré. Gracias, Marcelo. Por todo.

Con esas palabras, Apolo se despidió de Marcelo y se adentró en las calles de la ciudad, con el corazón lleno de esperanza y determinación. Mientras avanzaba, el sol iluminaba su camino, anunciando un nuevo amanecer en su vida. Era el comienzo de una nueva aventura, llena de posibilidades y promesas de esperanza. Y Apolo estaba listo para enfrentarla con una sonrisa en el rostro y el corazón lleno de esperanza.

La noticia de su liberación llegó como un regalo divino, una gracia inesperada que llenó su corazón de alegría y gratitud. Sin demora, Apolo se lanzó hacia la casa de Raquel, su corazón latiendo con la emoción de compartir la noticia con su amada.

Al llegar a la puerta de la modesta morada de los padres de Raquel, Apolo tocó con impaciencia, sus manos temblando de emoción. Cuando la puerta se abrió, fue recibido por los padres de Raquel, quienes lo miraron con sorpresa y alegría.

Apolo: ¡Buenos días! ¡Tengo noticias increíbles que compartir con ustedes!

Padre de Raquel: Apolo, hijo mío, ¿qué te trae por aquí tan temprano?

Madre de Raquel: ¿Pasa algo, Apolo? Te vemos tan emocionado.

Apolo: ¡Me han liberado, señor, señora! ¡Soy libre!

Padre de Raquel: ¡Qué maravillosa noticia! Estamos muy felices por ti, Apolo.

Madre de Raquel: ¡Es una bendición! Pero ¿cómo sucedió?

Apolo: Los gobernantes han decidido poner fin a mi esclavitud. Ahora puedo vivir libremente, sin miedo ni restricciones.

Padre de Raquel: Eso es increíble, hijo. Estamos tan orgullosos de ti.

Apolo: Gracias, señor. Pero eso no es todo. Raquel, mi amada, he venido aquí para pedir tu mano en matrimonio.

Raquel: (con lágrimas en los ojos) ¡Apolo! ¿En verdad estás diciendo esto?

Apolo: Sí, Raquel. Quiero pasar el resto de mis días contigo, compartir cada momento, cada alegría y cada desafío. ¿Aceptarías ser mi esposa?

Raquel: (emocionada) ¡Oh, sí, Apolo! No puedo imaginar mi vida sin ti. Sería un honor ser tu esposa.

Padre de Raquel: (emocionado) Esto es maravilloso. Apolo, tienes nuestra bendición para casarte con nuestra hija.

Madre de Raquel: (con lágrimas de felicidad) ¡Sí, Apolo! ¡Los dos se ven tan felices juntos!

Apolo y Raquel se abrazaron con ternura, envueltos en el amor y la felicidad del momento. Era el comienzo de una nueva vida juntos, llena de promesas de amor y felicidad.

Con lágrimas de alegría en los ojos, Apolo se arrodilló ante Raquel, sacando un pequeño estuche de su bolsillo y abriéndolo con cuidado. Dentro brillaba un hermoso anillo de compromiso, un símbolo del amor eterno que compartían.

Y así, en la calidez del hogar de Raquel, Apolo y Raquel se comprometieron el uno al otro, con la bendición y el amor de sus padres. Era un momento de alegría y celebración, un nuevo amanecer en sus vidas que prometía un futuro lleno de amor y felicidad.

Después del emocionante momento de compromiso, Apolo y Raquel decidieron celebrar con una cena especial en compañía de la familia de Raquel. La mesa estaba adornada con flores frescas y velas parpadeantes, creando un ambiente íntimo y acogedor para la ocasión.

Padre de Raquel: (levantando su copa) Quiero hacer un brindis por este momento tan especial. Apolo, Raquel, su amor es una inspiración para todos nosotros. Que su unión sea bendecida con amor y felicidad eterna.

Madre de Raquel: (sonriendo) Sí, brindemos por el futuro brillante que les espera. Estamos muy emocionados de tener a Apolo como parte de nuestra familia.

Apolo: (agradecido) Gracias a ambos por su amabilidad y generosidad. Estoy realmente emocionado de ser parte de esta familia maravillosa.

Raquel: (sonrojada) Y yo estoy emocionada de comenzar esta nueva etapa de nuestras vidas juntos. Gracias por su apoyo y amor incondicional.

Durante la cena, compartieron risas y anécdotas, recordando momentos felices del pasado y planeando el futuro que les esperaba. Los padres de Raquel ofrecieron consejos sabios y palabras de aliento, mientras Apolo y Raquel se aferraban el uno al otro, sintiéndose bendecidos por el amor y la camaradería que los rodeaba.

Después de la cena, se retiraron al jardín, donde las estrellas brillaban en el cielo nocturno, iluminando el camino hacia un futuro lleno de promesas. Apolo y Raquel se sentaron juntos en un banco, sus manos entrelazadas, compartiendo sueños y esperanzas mientras contemplaban el horizonte.

Este era un momento de paz y felicidad, un momento que guardarían en sus corazones para siempre. Era el comienzo de un nuevo capítulo en sus vidas, uno lleno de amor, aventuras y posibilidades ilimitadas. Y juntos, estaban listos para enfrentar cualquier desafío que el destino les deparara.

Capítulo Once: Las Nupcias

La ciudad vibraba con la emoción palpable del amor mientras los preparativos para la boda de Apolo y Raquel alcanzaban su clímax. Desde el amanecer hasta el anochecer, la atmósfera se llenaba de la música alegre y la risa sincera de amigos y familiares que se reunían para celebrar la unión de dos almas destinadas a estar juntas.

En la encantadora casa de Raquel, el bullicio de las mujeres se entrelazaba con las risas de los hombres, creando una sinfonía de preparativos para el día más especial de la vida de la joven pareja. En cada rincón de la ciudad, se podía sentir la anticipación de la próxima celebración: banderas ondeando con gracia en las calles y puestos de mercado ofreciendo lo mejor de la región para la ocasión.

Para Apolo, cada momento de los preparativos era un recordatorio tangible del amor que compartía con Raquel y del viaje que estaban a punto de emprender juntos. A pesar del ajetreo y el bullicio, su corazón rebosaba de gratitud y dicha al saber que pronto estaría unido para siempre con el amor de su vida. Cada detalle meticulosamente planeado los acercaba más al día en que pronunciarían sus votos y sellarían su amor ante el mundo.

Con cada día que pasaba, la emoción en el aire era palpable, como si el universo mismo estuviera celebrando el amor de Apolo y Raquel. Cada mirada y cada gesto estaban cargados de la promesa de un futuro juntos, y la pareja no podía esperar a comenzar esta nueva etapa de sus vidas.

El gran día finalmente había llegado, y la ciudad se iluminaba con la luz dorada del sol, como si estuviera bendiciendo la unión que estaba a punto de tener lugar. En el jardín de una antigua villa, Apolo esperaba con el corazón latiendo con fuerza en el pecho, rodeado por el amor y el apoyo de sus amigos y familiares más cercanos.

Y entonces, como si el tiempo se hubiera detenido, Raquel apareció, deslumbrante en su vestido blanco como la nieve. Sus ojos brillaban con emoción y amor mientras caminaba hacia Apolo, quien quedó sin aliento ante su belleza. Cada paso de Raquel hacia él parecía un sueño hecho realidad, y Apolo no podía apartar la vista de ella, maravillado por su gracia y elegancia.

Cuando finalmente estuvieron frente a frente, sus miradas se encontraron en un momento de pura magia, y el mundo parecía desvanecerse a su alrededor. El oficiante pronunció las palabras sagradas que unirían sus almas para siempre, pero en ese instante, solo existían ellos dos y su amor eterno.

El momento de los votos había llegado, y Apolo tomó la mano de Raquel con ternura, perdiéndose en la profundidad de sus ojos mientras comenzaba a hablar con una emoción sincera en su voz:

"A Raquel, mi amor, mi vida, mi todo... Desde el momento en que te vi, supe que mi corazón te pertenecía. Me has llenado de amor y alegría desde el primer día, y hoy, en este día tan especial, prometo amarte y cuidarte por el resto de mis días. Prometo ser tu roca en los momentos difíciles y tu compañero en la felicidad. Estoy agradecido por cada momento contigo, y no puedo esperar para pasar el resto de mi vida demostrándote cuánto te amo".

Las palabras de Apolo resonaron en el aire, llenando el jardín con su sinceridad y amor desbordante. Los ojos de Raquel brillaban con lágrimas de felicidad mientras respondía con su propio voto:

"Apolo, mi amor eterno... Desde el momento en que te conocí, supe que habías llegado a mi vida para quedarte. Me has dado amor incondicional y apoyo inquebrantable, y hoy, en este día mágico, prometo amarte con todo mi ser por el resto de nuestros días. Prometo estar a tu lado en cada momento, en la alegría y en la tristeza, en la salud y en la enfermedad. Eres mi todo, y no puedo imaginar mi vida sin ti".

Las palabras de Raquel fueron como música para los oídos de Apolo, llenándolo de una alegría indescriptible y confirmándole que estaban destinados a estar juntos por toda la eternidad.

La celebración continuó con risas y alegría, mientras los invitados brindaban por la felicidad de los recién casados y compartían historias y recuerdos. Apolo y Raquel se encontraban rodeados por el amor y la alegría de sus seres queridos, disfrutando de cada momento juntos y soñando con el futuro que les esperaba.

A medida que la noche avanzaba, Apolo tomó la mano de Raquel y la llevó a un rincón apartado del jardín, donde podían disfrutar de un momento de tranquilidad juntos.

"¿Puedes creer que finalmente estamos casados?", preguntó Apolo, mirando a Raquel con adoración en los ojos.

Raquel asintió con una sonrisa radiante en el rostro. "Es un sueño hecho realidad", respondió. "Estoy tan feliz de tenerte a mi lado, Apolo".

Los dos se quedaron en silencio por un momento, perdidos en el amor y la gratitud el uno por el otro. Pero luego, la risa y la música de la celebración los sacaron de su ensimismamiento, recordándoles que había mucha más diversión por delante.

"¿Te gustaría bailar?", preguntó Apolo, extendiendo la mano hacia Raquel.

Ella asintió con entusiasmo, y juntos se unieron a la pista de baile, moviéndose al ritmo de la música con gracia y elegancia. A su alrededor, los invitados los animaban y aplaudían, compartiendo en la alegría del momento y celebrando el amor que los unía.

A medida que la noche avanzaba, Apolo y Raquel compartieron momentos de risa y complicidad, prometiéndose el uno al otro que estarían juntos en cada paso del camino. Había una magia en el aire, una sensación de que este era solo el comienzo de su historia juntos, y estaban emocionados por descubrir lo que el futuro les deparaba.

Y así, en el suave resplandor de la luna, Apolo y Raquel se abrazaron con fuerza, sabiendo que habían encontrado su hogar el uno en el otro, y que juntos podrían enfrentar cualquier desafío que el destino les deparara.

Capítulo Doce: La Primera Noche

Después de una celebración inolvidable, Apolo y Raquel se encontraron en su nueva casa, un lugar lleno de lujo y comodidades que Apolo había preparado para su vida juntos. La mansión era un reflejo del amor y la dedicación que Apolo sentía por Raquel, con cada detalle cuidadosamente elegido para crear un ambiente acogedor y romántico.

Mientras entraban en la casa, Apolo tomó la mano de Raquel y la llevó a través de las elegantes habitaciones, mostrándole cada rincón con orgullo y emoción. Raquel se maravillaba ante la belleza de su nuevo hogar, admirando los muebles finamente tallados, las obras de arte exquisitas y las vistas impresionantes que ofrecía cada ventana.

Finalmente, llegaron a su dormitorio, un santuario de paz y serenidad diseñado para brindarles el descanso y la relajación que necesitaban después de un día lleno de emociones. Las cortinas de seda ondeaban suavemente en la brisa nocturna, mientras la luz de la luna se filtraba a través de las ventanas, bañando la habitación en un resplandor suave y cálido.

Apolo se acercó a Raquel y la envolvió en sus brazos, mirándola con adoración en los ojos. "Bienvenida a nuestro hogar, mi amor", susurró, su voz llena de ternura y amor.

Raquel sonrió y se acercó a Apolo, sintiendo el latido de su corazón contra el suyo. "Es hermoso", murmuró, admirando la elegancia y el encanto de su nuevo dormitorio.

Apolo la besó suavemente en los labios, suavizando sus preocupaciones y miedos con el simple roce de sus labios. "Esta noche es solo para nosotros", dijo con voz suave. "Para celebrar nuestro amor y nuestra nueva vida juntos".

Raquel asintió con una sonrisa radiante en el rostro, sintiendo una oleada de emoción y anticipación recorriendo su cuerpo. Juntos, se acercaron a la cama y se abrazaron con ternura, compartiendo un momento de intimidad y conexión que los unía más que nunca.

A medida que se acurrucaban juntos bajo las suaves sábanas, Apolo acarició el rostro de Raquel con dulzura, perdiéndose en la profundidad de sus ojos. "Te amo, Raquel", susurró, su voz llena de emoción. "Más de lo que las palabras pueden expresar".

Raquel sonrió y colocó una mano en el pecho de Apolo, sintiendo el latido de su corazón bajo sus dedos. "Y yo te amo a ti, Apolo", respondió, su voz llena de amor y gratitud. "Por siempre y para siempre".

Y así, en la tranquilidad de su nueva casa, Apolo y Raquel se entregaron al amor que compartían, prometiéndose el uno al otro en cuerpo y alma. En esa primera noche juntos, encontraron la paz y la felicidad que tanto anhelaban, sabiendo que su amor los llevaría a través de cualquier desafío que el destino les deparara.

Al despertar al día siguiente, Apolo se encontró envuelto en la suavidad de las sábanas y el aroma tentador del café recién hecho que flotaba en el aire. Con una sonrisa en los labios, se estiró perezosamente y se sentó en la cama, saboreando la calidez reconfortante que lo rodeaba.

Entonces, Raquel entró en la habitación, llevando una bandeja con un desayuno exquisito y una sonrisa radiante en el rostro. Sus ojos brillaban con anticipación mientras colocaba la bandeja frente a Apolo, revelando una selección de frutas frescas, pasteles recién horneados y huevos revueltos.

"Buenos días, mi amor", dijo Raquel con voz suave, acariciando la mejilla de Apolo con ternura. "He preparado un desayuno especial para celebrar nuestro primer día juntos en esta hermosa casa".

Apolo la miró con asombro y admiración, sintiendo una oleada de amor y gratitud llenar su corazón. "Eres increíble, Raquel", dijo con una sonrisa. "Gracias por hacer de cada momento una aventura".

Raquel sonrió y se sentó junto a Apolo en la cama, compartiendo un desayuno íntimo y acogedor mientras conversaban y se reían juntos. Había una sensación de paz y felicidad en el aire, como si el universo mismo estuviera celebrando su amor y su unión.

Después del desayuno, Apolo y Raquel se quedaron juntos en la cama, disfrutando de la tranquilidad y la serenidad del momento. Se abrazaron con ternura, compartiendo palabras de amor y promesas de un futuro juntos lleno de aventuras y felicidad.

Y así, en la calidez de su hogar y el amor que compartían, Apolo y Raquel se prepararon para enfrentar juntos los desafíos y las alegrías que el futuro les deparaba. Porque sabían que mientras estuvieran juntos, siempre habría un nuevo día lleno de amor y promesas esperándolos al despertar.

Después de disfrutar de un momento íntimo juntos en la cama, Apolo y Raquel se levantaron con la promesa de explorar cada rincón de su nueva casa. Con la luz del sol filtrándose a través de las ventanas, se aventuraron por los pasillos adornados y las habitaciones elegantes, maravillándose con la belleza y el lujo que los rodeaba.

Raquel: ¿Qué te parece este lugar, Apolo? ¡Es simplemente increíble!

Apolo: (asombrado) Es asombroso, Raquel. No puedo creer que este sea nuestro hogar ahora. Todo es tan hermoso.

Raquel tomó la mano de Apolo y lo llevó por un recorrido improvisado por la casa, señalando detalles encantadores y rincones especiales que había descubierto mientras exploraba. Cada habitación estaba decorada con buen gusto, con muebles elegantes y obras de arte exquisitas que adornaban las paredes.

Raquel: ¿Has visto esta pintura? Es una de mis favoritas. Me recuerda a nuestra primera cita en el museo.

Apolo: (sonriendo) Sí, la recuerdo. Fue un día increíble. Y ahora, cada vez que vea esta pintura, recordaré ese momento contigo.

Después de recorrer la casa, Apolo y Raquel regresaron a la cocina, donde Raquel había preparado una sorpresa especial para Apolo: un picnic improvisado en el jardín. Con una cesta llena de delicias culinarias en una mano y la mano de Apolo en la otra, Raquel lo condujo afuera, donde una manta esperaba bajo la sombra de un árbol centenario.

Raquel: ¡Sorpresa, amor! He preparado un picnic para nosotros. ¿Qué te parece?

Apolo: (sorprendido) ¡Oh, Raquel, es maravilloso! No puedo creer que hayas pensado en todo esto. Eres increíble.

Se sentaron juntos en la manta, compartiendo bocados de comida y risas mientras disfrutaban del aire fresco y el canto de los pájaros.

Apolo: (tomando la mano de Raquel) Gracias por hacer de este día uno de los mejores de mi vida, Raquel. Te amo más de lo que las palabras pueden expresar.

Raquel: (sonriendo) Y yo te amo a ti, Apolo. Aquí, en nuestro nuevo hogar, comienza una nueva vida llena de amor y aventuras.

Después del picnic, Apolo y Raquel se quedaron en el jardín, disfrutando del cálido sol de la tarde y la suave brisa que acariciaba sus rostros. Se abrazaron con ternura, compartiendo palabras de amor y promesas de un futuro juntos lleno de aventuras y felicidad.

Raquel: (abrazando a Apolo) Sé que el camino por delante puede ser difícil, pero mientras estemos juntos, podemos superar cualquier desafío.

Apolo: (acariciando el cabello de Raquel) Estoy listo para enfrentar cualquier cosa contigo a mi lado, Raquel. Eres mi fuerza y mi inspiración.

Y así, en la intimidad de su nuevo hogar y el amor que compartían, Apolo y Raquel se prepararon para enfrentar juntos los desafíos y las alegrías que el futuro les deparaba. Porque sabían que mientras estuvieran juntos, siempre habría un nuevo día lleno de amor y promesas esperándolos al despertar.

"Cinco meses después, la vida de Apolo y Raquel había dado un giro maravilloso. Su amor florecía cada día más fuerte, y el destino les tenía una sorpresa que cambiaría sus vidas para siempre.

Una tarde, mientras Apolo estaba ocupado en su estudio, Raquel entró con una sonrisa radiante en el rostro, y sus ojos brillaban con una luz especial. Apolo levantó la vista de su trabajo al escucharla entrar, y al verla, su corazón dio un vuelco.

Apolo: (sonriendo) Hola, mi amor. ¿Qué te trae aquí con esa expresión tan encantadora?

Raquel: (con emoción contenida) Apolo, tengo algo muy importante que decirte. ¿Puedo sentarme contigo?

Apolo asintió, sintiendo un cosquilleo de anticipación en su pecho mientras Raquel tomaba asiento junto a él.

Raquel: (tomando sus manos) Apolo, sé que nuestras vidas ya están llenas de amor y felicidad, pero hay algo más que quiero compartir contigo.

Apolo: (mirándola fijamente) ¿Qué es, Raquel? No puedo esperar para escucharte.

Raquel: (con lágrimas de felicidad en los ojos) Estoy esperando un hijo, Apolo. ¡Vamos a ser padres!

Apolo quedó atónito por un momento; sus ojos se llenaron de asombro y alegría al procesar la noticia. Luego, una ola de emoción lo invadió, y sin poder contenerse, se levantó y abrazó a Raquel con fuerza.

Apolo: (emocionado) ¡Raquel, eso es increíble! ¡Estoy tan feliz! ¡Vamos a ser padres!

Raquel: (riendo entre lágrimas) Sí, vamos a ser padres, Apolo. Y no puedo imaginar compartir esta bendición con nadie más que contigo.

Apolo se arrodilló frente a ella, tomándole las manos con ternura y mirándola a los ojos con amor y devoción.

Apolo: (con voz llena de emoción) Raquel, desde el día en que te conocí, supe que nuestra vida juntos sería algo especial. Pero ahora, al saber que vamos a tener un hijo, mi corazón está rebosante de felicidad y gratitud. Eres mi todo, Raquel, y no puedo esperar para ver crecer a nuestra familia juntos.

Raquel lo abrazó con fuerza, sintiendo la calidez de su amor envolviéndola como una manta reconfortante.

Raquel: (con voz emocionada) Apolo, eres el mejor regalo que la vida me ha dado. Estoy tan agradecida de tenerte a mi lado en este viaje, y sé que juntos seremos los mejores padres para nuestro pequeño milagro.

Apolo y Raquel se fundieron en un abrazo apasionado, con lágrimas de alegría brillando en sus ojos mientras se dejaban llevar por la emoción del momento. Sabían que este nuevo capítulo en sus vidas sería el más hermoso de todos, lleno de amor, risas y bendiciones sin fin."

"Siete meses después, el hogar de Apolo y Raquel bullía de anticipación y emoción. Con el nacimiento de su bebé a la vuelta de la esquina, se dedicaron a preparar cada detalle con amor y cuidado, envueltos en el encanto y la elegancia de esa época romana.

Raquel, con su vientre abultado pero radiante, dedicó largas horas a decorar la habitación del bebé. Con telas suaves y colores cálidos, creó un espacio acogedor y lleno de amor. Apolo, por su parte, se sumergió en la tarea de construir una cuna tallada a mano, cada detalle meticulosamente elaborado con amor de padre.

Mientras trabajaban juntos, compartían sus sueños y esperanzas para su pequeño milagro.

Raquel: (acariciando su vientre) Apolo, ¿has pensado en qué nombre le pondremos a nuestro bebé?

Apolo: (sonriendo) He estado pensando en eso, mi amor. ¿Qué te parece el nombre de César, en honor a su fuerza y valentía?

Raquel: (sonriendo) Me encanta, Apolo. César será el nombre perfecto para nuestro hijo.

A medida que preparaban la habitación y elegían la ropa para el bebé, no podían contener su emoción por la llegada de César. Se imaginaban los momentos que compartirían juntos, los primeros pasos, las risas y las lágrimas de alegría.

Apolo: (sosteniendo un par de pequeños zapatos) ¿Puedes creer que pronto estaremos sosteniendo a nuestro hijo en brazos, Raquel?

Raquel: (con lágrimas de alegría en los ojos) No puedo esperar, Apolo. Seremos una familia feliz y unida, y César será el centro de nuestro mundo.

Con cada prenda doblada con cuidado y cada juguete colocado en su lugar, la habitación del bebé cobraba vida, impregnada del amor y la anticipación de sus padres. Estaban listos para recibir a César con los brazos abiertos y el corazón rebosante de amor.

A medida que los días pasaban y el momento del parto se acercaba, Apolo y Raquel se encontraban cada vez más emocionados y ansiosos por conocer a su pequeño César. Cada mañana, se sentaban juntos en la habitación del bebé, imaginando cómo sería cuando él estuviera allí.

Raquel: (acariciando su vientre) Apolo, ¿crees que César tendrá tus ojos azules?

Apolo: (sonriendo) Espero que sí, pero lo más importante es que sea saludable y feliz.

Raquel: (asintiendo) Por supuesto, lo importante es que estemos juntos como familia.

Con el nombre de César en sus labios y la promesa de un futuro brillante, Apolo y Raquel esperaban con impaciencia el día en que su hijo llegara al mundo. Prepararon todo lo necesario, desde pañales hasta biberones, con la misma dedicación y amor que habían puesto en cada aspecto de su vida juntos.

Apolo: (sosteniendo una manta suave) Raquel, ¿crees que César se sentirá cómodo con esta manta?

Raquel: (sonriendo) Seguro que sí, Apolo. Todo está listo para recibirlo con amor y calidez.

Y así, en la tranquila serenidad de su hogar, Apolo y Raquel aguardaban el momento más importante de sus vidas con amor, paciencia y una profunda gratitud por la bendición que estaba por venir."

El día del nacimiento de César finalmente llegó, envuelto en una atmósfera de emoción y anticipación en el hogar de Apolo y Raquel. Mientras el sol se alzaba en el horizonte, anunciando el comienzo de un nuevo día lleno de promesas, la pareja se preparaba para dar la bienvenida a su tan esperado bebé.

Raquel, con una sonrisa nerviosa pero radiante, se aferraba a la mano de Apolo mientras las contracciones se volvían más fuertes y frecuentes. En medio de la emoción y el nerviosismo, el amor entre ellos brillaba más que nunca, como una luz cálida que los guiaba a través de las horas de espera.

Apolo: (acariciando la frente de Raquel) Estoy aquí contigo, mi amor. Todo va a salir bien.

Raquel: (respirando profundamente) Gracias, Apolo. No podría hacerlo sin ti a mi lado.

Finalmente, llegó el momento esperado, y con el primer llanto del bebé, el aire se llenó de alegría y emoción. Cuando César fue colocado en los brazos de Raquel, la pareja quedó cautivada por su belleza.

Apolo: (con lágrimas de alegría en los ojos) ¡Es perfecto, Raquel! Sus ojos azules y su cabello dorado son como un reflejo de nuestro amor.

Raquel: (acunando a su hijo con ternura) Sí, es nuestro pequeño milagro. Tan hermoso y lleno de vida.

El bebé, envuelto en una manta suave, miraba al mundo con curiosidad y asombro, sus ojos azules brillando con inocencia y su cabello dorado brillando bajo la luz del sol. Era una visión de pura perfección, un regalo del destino que había unido a Apolo y Raquel en un amor eterno.

A medida que la pareja contemplaba maravillada a su hijo, el mundo parecía detenerse a su alrededor, como si este momento mágico fuera eterno y fuera solo suyo. En ese momento, en la cálida intimidad de su hogar, Apolo y Raquel sabían que habían sido bendecidos con el mayor regalo de todos: el regalo del amor y la familia.

Y así, con el corazón lleno de gratitud y felicidad, Apolo y Raquel se abrazaron con fuerza, sabiendo que su amor había creado algo verdaderamente hermoso: una nueva vida llena de promesas y posibilidades infinitas.

A medida que el tiempo pasaba, Apolo y Raquel se sumergían en la maravillosa experiencia de ser padres. Cada momento con César era una bendición, una oportunidad para aprender, crecer y amar aún más profundamente.

Raquel pasaba horas acunando a César en sus brazos, maravillada por la suavidad de su piel y la dulzura de su sonrisa. Apolo, por su parte, no podía apartar la mirada de su hijo, observando cada gesto y cada expresión con asombro y admiración.

Apolo: (acariciando la mejilla de César) Eres nuestro pequeño milagro, ¿sabes? No puedo creer lo afortunados que somos de tenerte en nuestras vidas.

Raquel: (sonriendo con ternura) Sí, eres nuestro mayor regalo, César. Te amamos más de lo que las palabras pueden expresar.

Con el pasar de los días, la casa se llenó de risas y canciones de cuna, mientras Apolo y Raquel se dedicaban por completo al cuidado de su hijo. Cada momento era precioso, una oportunidad para crear recuerdos que atesorarían para siempre en sus corazones.

En una tarde soleada, Apolo y Raquel llevaron a César a dar un paseo por el jardín, disfrutando del cálido abrazo del sol y la suave brisa que acariciaba sus rostros. Mientras caminaban entre las flores y los árboles, el mundo parecía cobrar vida a su alrededor, lleno de colores y sonidos que llenaban sus corazones de alegría y gratitud.

Raquel: (meciendo a César en sus brazos) Mira, César, ¿ves las mariposas revoloteando entre las flores? Son como pequeños regalos del cielo, ¿no crees?

Apolo: (sonriendo) Sí, nuestro jardín nunca ha sido tan hermoso como lo es ahora, con nuestra pequeña familia disfrutando de cada momento juntos.

César, ajeno a las palabras de sus padres, miraba el mundo con curiosidad y asombro, sus ojos azules brillando con inocencia y su sonrisa iluminando el día. Era una imagen de pura felicidad, una visión que llenaba el corazón de Apolo y Raquel de alegría y amor.

Y así, mientras el sol se ponía en el horizonte y el día llegaba a su fin, Apolo y Raquel regresaron a casa con sus corazones rebosantes de amor y gratitud. Sabían que, con César a su lado, cada día sería una aventura nueva y emocionante, llena de amor, risas y recuerdos que atesorarían para siempre.

Una noche, mientras la luna brillaba en lo alto del cielo y las estrellas bailaban en la oscuridad, Apolo y Raquel se quedaron despiertos en la cama, abrazados y perdidos en el resplandor cálido de su amor.

Apolo: (acariciando el cabello de Raquel) Mi amor, ¿alguna vez imaginaste que nuestra vida sería así de maravillosa?

Raquel: (sonriendo) Nunca lo imaginé, Apolo. Pero ahora que estamos aquí, con César en nuestras vidas, no puedo imaginar estar en ningún otro lugar.

El amor que compartían era como una canción eterna, una melodía que llenaba el aire con su dulzura y suavidad. Se amaban con una intensidad que desafiaba la lógica y trascendía el tiempo, encontrando en el otro su hogar y su refugio en un mundo lleno de incertidumbre.

Apolo: (mirando a Raquel con adoración) Eres mi luz en la oscuridad, Raquel. Mi inspiración, mi razón de ser. No puedo imaginar mi vida sin ti a mi lado.

Raquel: (tocando suavemente el rostro de Apolo) Y yo no puedo imaginar mi vida sin ti, Apolo. Eres mi todo, mi amor, mi compañero de vida.

Juntos, en la quietud de la noche, prometieron amarse y cuidarse el uno al otro por toda la eternidad, jurando ser fieles el uno al otro en cuerpo, mente y espíritu. Y así, con sus corazones unidos en un lazo indestructible de amor, Apolo y Raquel se sumergieron en el sueño, sabiendo que su amor era eterno y que nada podría separarlos nunca más.

Y así, en el suave resplandor de la luna y el abrazo cálido del amor, Apolo y Raquel se durmieron juntos, envueltos en la promesa de un futuro lleno de felicidad, amor y aventuras sin fin. Porque sabían que, mientras estuvieran juntos, nada podría detenerlos, y que su amor perduraría por toda la eternidad.